NOTICE

SUR LES

CORPORATIONS RELIGIEUSES

D'ALGER

ACCOMPAGNÉE

DE DOCUMENTS AUTHENTIQUES ET INÉDITS

PAR

Albert DEVOULX

Conservateur des archives arabes des Domaines, à Alger;
Membre de la Société historique algérienne, et Correspondant de l'Institut
égyptien et de la Société académique du Var.

(Extrait de la *Revue africaine*).

ALGER

TYPOGRAPHIE ET LITHOGRAPHIE BASTIDE

PLACE DU GOUVERNEMENT.

—

1862

NOTES HISTORIQUES

SUR LES MOSQUÉES

ET AUTRES ÉDIFICES RELIGIEUX D'ALGER.

> Verset 29. — Ceux qui auront cru et pratiqué les bonnes œuvres ne seront pas privés de la récompense qui leur est dûe pour avoir mieux agi que les autres. — Verset 30. — A ceux-ci les jardins d'Eden, sous leurs pieds couleront des fleuves; ils s'y pareront de bracelets d'or, se vêtiront de robes vertes de soie et de satin, accoudés sur des trônes. Quelle belle récompense! Quel admirable support! (Coran, chap. XVIII).

Etant à même, par position officielle, de consulter des sources authentiques, j'ai recueilli beaucoup de renseignements, copié beaucoup de documents qui, échappés pour la plupart aux recherches des hommes spéciaux, offrent cependant un grand intérêt au point de vue historique.

J'ai réuni, en un seul ouvrage, tous les renseignements qui s'appliquent aux édifices du culte et aux corporations religieuses de la ville d'Alger, et je me suis efforcé d'en faire un tout aussi complet que possible.

Je ne me flatte cependant pas que mon œuvre soit irréprochable. Je sais, au contraire, qu'elle présente bien des lacunes. Mais il m'a paru préférable, dans l'intérêt bien entendu des recherches historiques, de donner, tels quels, les renseignements que je suis parvenu à amasser, plutôt que de laisser indéfiniment dans l'obscurité, sous le prétexte d'un perfectionnement problématique, des documents qui peuvent être de quelque utilité.

Je commencerai mon travail par une notice sur les corporations religieuses.

Le mot *corporations religieuses*, employé par l'administration française pour désigner les propriétaires définitifs des immeubles frappés de *habous*, n'est pas toujours exact; car cette expression implique nécessairement l'idée d'une aggrégation de personnes vivant en communauté, ou simplement unies par les liens d'un intérêt commun.

Une pareille définition serait fausse, si on l'appliquait à certaines des prétendues *corporations* ; et il me sera facile de l'établir sans faire une théorie complète du *habous*, ce qui n'entre pas dans le plan de ce travail et formerait d'ailleurs double emploi avec une étude que j'ai déjà publiée sur cette matière.

Je puis seulement rappeler que le *habous* était un acte par lequel le propriétaire d'un immeuble, foulant aux pieds, si bon lui semblait, l'ordre de successibilité tracé par la loi musulmane, décrétait telles substitutions qu'il lui plaisait, et imposait aux bénéficiaires par lui désignés, telles conditions qu'il lui agréait, son bon plaisir n'étant entravé que par des restrictions légales peu nombreuses.

Toutefois , ces substitutions étaient soumises à une condition fondamentale. Il fallait que le fondateur assignât à sa fondation une destination définitive de piété ou d'utilité publique. Après l'extinction des bénéficiaires périssables désignés par lui, il fallait que l'immeuble fît retour à un dévolutaire dont l'existence n'eût d'autres bornes que le terme fixé par Dieu à la durée du monde.

Donc, toutes les fondations de habous devant avoir rigoureusement une destination définitive de piété, de charité, ou d'utilité générale, les fondateurs stipulaient qu'après avoir parcouru les diverses phases indiquées par eux, l'immeuble frappé de habous reviendrait aux catégories d'individus ou aux établissements suivants :

Les pauvres des deux villes saintes, la Mecque et Médine ;

Une mosquée quelconque , pour les revenus être affectés à l'entretien de cet édifice, à la paie de son personnel, à des achats de matériel, etc. ;

Les fontaines, pour leur entretien et celui des aqueducs et canaux qui les alimentent ;

La chapelle, ou simplement le tombeau, de tel saint, pour son entretien, la paie d'un personnel, des distributions de nourriture et d'aumônes aux pauvres, etc. ;

Un cimetière, pour son entretien ;

Un puits, pour son entretien et celui de son matériel, le salaire d'un homme chargé d'offrir à boire aux passants, etc.

Une personne qui ferait telle lecture sur tel tombeau, à une certaine heure, etc. ;

Celui qui ferait telle lecture dans telle mosquée, ou telle chapelle, à telle heure, etc. ;

Les musulmans captifs des chrétiens, pour les produits être affectés à leur rachat.

On le voit, il n'est pas exact de confondre ces destinations si diverses sous le nom générique de : Corporations religieuses ; cependant, il faut bien reconnaître aussi qu'il n'était pas facile de trouver un nom suffisamment compréhensif et précis.

Quoi qu'il en soit, je n'entends nullement faire de la critique. Avant d'entrer en matière, j'ai voulu seulement faire mes réserves au sujet d'une expression qui ne me paraît pas devoir être acceptée sans commentaire.

CHAPITRE 1er.

Corporation de la Mecque et Médine.

§ Ier. — DOTATION IMMOBILIÈRE DE LA CORPORATION.

Les causes déterminantes du habous ont été diversement appréciées par les auteurs qui ont traité cette question. Cependant la contradiction qui règne dans ces interprétations n'est qu'apparente ; car les causes du habous étant multiples, il n'y a, pour être dans le vrai, qu'à réunir les différentes théories qui ont eu, chacune, le tort de n'apercevoir qu'un des côtés de la question.

En grévant son immeuble de habous, un musulman avait en vue : de mériter les récompenses divines, de satisfaire ses préférences pour certains des membres de sa famille, de mettre sa propriété à l'abri des confiscations (ce qui ne lui réussissait pas toujours), d'éviter à sa famille l'intervention du Beit-el-Mal.

Cette dernière raison m'a toujours paru la plus concluante. Dans certains cas prévus par la loi musulmane et qui se présentent assez fréquemment, le Beit-el-Mal, c'est-à-dire l'État, hérite, en totalité ou en partie, des immeubles composant la succession. Or, le fondateur d'un habous met à néant les droits éventuels du Beit-el-Mal, car les dispositions qu'il dicte sont sacrées et il assure ainsi la conservation de l'immeuble à sa famille ou aux personnes qu'il entend avantager. Aussi, voit-on dans les anciens titres que les habous ne pouvaient être établis qu'avec l'assentiment du Pacha. On en trouvera un exemple dans un acte que je publie au chapitre du Marabout Sidi Omar Et-Tensi ; il est dit dans cette pièce que le pacha, malgré la pénurie des ressources financières de la régence, renonce à l'exercice ultérieur des droits éventuels du Beit-el-Mal et autorise ce saint personnage à prendre telles dispositions que sa piété lui suggérera.

Faire une œuvre pie, donner satisfaction à ses sympathies et jouer un tour à l'État, c'était fort tentant. Aussi les habous abondaient-ils en Algérie. Je dirai même que les immeubles qui en étaient exempts formaient une rare exception.

Parmi ces nombreux habous, une quantité considérable, les trois quarts, à peu près, étaient faits au profit des pauvres des deux villes nobles et saintes, illustrées par le prophète, *Mekka* (la Mecque), l'illustre, et *El-Medina* (Médine), la resplendissante.

Par suite de l'extinction des familles désignées comme bénéficiaires, beaucoup des immeubles grévés de ces substitutions avaient fait définitivement retour aux pauvres de la Mecque et Médine. Ceux-ci avaient donc en Algérie, et principalement à Alger, une dotation considérable.

Au sujet de ces revenus, on est tombé dans une singulière erreur : on a cru qu'ils étaient le patrimoine des pauvres d'Alger. Il n'en est rien et le fait est si clair que je crois presque inutile d'insister Tous les actes de habous portent, en effet, que les produits de la fondation seront affectés aux pauvres de la Mecque et de Médine. Or, les pauvres d'Alger ne sont pas ceux des deux villes saintes, et ceux-ci seraient seuls fondés à adresser des réclamations au gouvernement français et à se plaindre que la conquête les ait privés de leurs droits de propriété.

J'en dirai autant des revenus des mosquées et autres établissements ; ils étaient spécialement consacrés à l'entretien de ces édifices et de leur personnel, sauf les rares œuvres de charité formellement stipulées par les fondateurs. On n'est donc pas fondé à prétendre que les pauvres en aient été frustrés.

J'ai déja dit que les biens des pauvres de la Mecque et de Médine étaient considérables à Alger. En voici le relevé fait dans le registre tenu immédiatement avant la conquête :

840	maisons donnant un produit de		26,653 fr.	80
258	boutiques	—	4,278	60
33	magasins	—	449	70
82	chambres	—	846	65
3	étuves	—	200	45
11	fours	—	102	60
4	cafés	—	461	70
1	fondouk	—	135	00
57	jardins	—	1,257	45
62	fermes	—	1,830	00
6	moulins	—	97	50
1357			36,013	45
201	anas (rentes)		7,209	25
1558	immeubles ou rentes d'un produit de		43,222	70

Cette somme serait des plus insignifiantes de nos jours, mais eu
égard à l'époque et à la localité, elle était très-importante, surtout comme produit immobilier. En 1835, c'est-à-dire cinq ans
après la conquête, la Mecque et Médine n'avaient que 952 immeubles productifs, donnant, avec les anas, un revenu total de
138,376 fr. 65 c. par an. Tous les autres immeubles avaient
été démolis ou affectés à des services publics.

Sur les revenus de cette corporation, on prélevait : 1° l'entretien
des immeubles ; 2° l'entretien du mobilier des bureaux ; 3° le
paiement du personnel ; 4° certaines dépenses extraordinaires.
Le surplus était envoyé soit à la Mecque, soit à Médine, pour
être distribué aux pauvres de ces deux villes, comme nous le
verrons bientôt.

§ 2e — Personnel.

Le personnel de cette corporation était considérable. Il se composait d'un ou plusieurs administrateurs (oukil); de deux *odoul*
ou assesseurs du cadi, désignés par le magistrat pour assister les
administrateurs et donner, par leur concours, un caractère de lé-
galité aux quittances, locations et autres actes et écritures que
nécessitaient les besoins de la gestion de cette importante dotation; d'un caissier (saïdji); d'un bache chaouche, chef des agents
subalternes chargés de la surveillance des immeubles, de la rentrée des revenus, etc.; de plusieurs chaouches; de plusieurs gar-
diens ou hommes de peine.

Les fonctions d'administrateur étant importantes et considérées, j'ai dressé une chronologie de ces agents, aussi complète qu'il m'a été possible. Toutefois, comme cette liste est trop longue pour pouvoir être publiée, je me contenterai d'en extraire, comme spécimen, les quelques noms ci-après :

1045. — El-hadj Naçaf Aga ben Aouis et Khelil Aga ben Ali le Turc, chargés des affaires de la Mecque par les ordres du Divan victorieux; lesquels sont assistés d'El-Hadj Hamouda ben Merouan le chérif et d'El-Hadj Khelil ben Ali.

1064. — Les dignes de confiance, les hommes d'élite, les vertueux, les purs, les administrateurs des biens de la Mecque, lesquels sont : les deux considérables Ali Aga ben Mahmoud le Turc et Mohammed Aga ben Hassan le Turc, et les deux négociants, les deux bienfaisants El-Hadj Ali Kelatou ben Moussa l'Andalous, et El-Hadj Mohammed ben Fetih l'Andalous.

1112 — El-Hadj Mohammed ben Fadil l'Andalous, et Mohammed ben Ras el-Aïn.

1116. — El-Hadj Redjeb ben — le Turc, et El-Hadj Mohammed el-'Attar, descendant de Sidi Ahmed el-'Attar.

1119. — Redjeb Aga ben Moustafa, Abbas Aga ben Hassan. El-Hadj Mohammed el-Attar l'Andalous, Ben el-Merabot, et El-Hadj Hamouda, le chérif, l'Andalous, dit El-Pouns.

1137. — Omar Tchalabi le Turc, Ben —, aga du bureau ; Ahmed Aga ben Abdallah le Turc, El-Hadj Ali ben Ahmed ben el-Hadj Sa'ad l'Andalous , et Mohammed ben Mohammed ben Youcef Ech-Chouïhed, leur chef.

1139. — El-Hadj Chaban Manzoul Aga ben Otsman, Mohammed Aga ben Ahmed, El-Hadj Ali ben Ahmed ben el-hadj Sa'ad, et Mohammed ben Mohammed ben Youcef Ech-Chouïhed.

1152. — Ahmed el-Khiat ben Osta Mohammed dit Ben el-Mokfouldji ben el-hadj Ahmed.

Les administrateurs, dont nous venons de donner une liste abrégée, étaient nommés par le Pacha. Ils avaient, et c'était là une prérogative importante, la nomination des agents chargés de gérer, dans les diverses villes de la Régence, les propriétés que les pauvres de la Mecque et de Médine y possédaient par suite de *habous*. Ces agents n'étaient considérés que comme les substituts les mandataires des administrateurs, siégeant à Alger.

Je donne, comme preuve authentique de ce fait, cette traduction d'une mention inscrite sur l'un des registres de l'administration de la Mecque :

« Louange à Dieu. Le sid Omar , administrateur (oukil) des biens habous des deux (villes) saintes et nobles, fils du défunt sid Ahmed fils d'Amar, ainsi connu, a pris les deux témoins, du présent (1) en témoignage contre lui-même, déclarant déléguer le sid Haçan le janissaire, le Bônois, surnommé El-Kharrat (le tourneur), fils de Moustafa, pour la gestion des biens attribués par constitution de *habous* à la Mecque et à Médine, dans l'intérieur de Bône et à l'extérieur de cette ville. Il administrera les propriétés et aura la direction de toutes les affaires qui les concernent; cette délégation est entière, complète, générale. Il a été témoigné contre lui (l'oukil) à ce sujet, et il était dans l'état légalement admissible. A la date du second tiers (2ᵉ décade) du mois de Kada de l'année 1212. »

Par suite de cette organisation, les agents de la Mecque, en résidence dans les diverses localités de la régence, étaient tenus de présenter leurs comptes à l'administration d'Alger et de lui faire le versement des sommes restant disponibles entre leurs mains. C'était là une conséquence naturelle de la centralisation exercée à Alger.

Les registres de *la Mecque* et *Médine* renferment un grand nombre de procès-verbaux relatifs à ces redditions de comptes. Je donnerai ceux-ci comme exemples, et pour rendre plus complète cette étude sur le mécanisme de cette administration ; ils se rapportent à chacune des provinces.

BLIDA. — Louange à Dieu. Un règlement de comptes a eu lieu entre l'honorable et respectable Sid Ali Khodja, administrateur (oukil) des deux (villes) nobles et saintes à Alger, la protégée par le Dieu Très-Haut, et son substitut le Sid Haçan, le Turc, le bouloukbachi, fils de Khelil, relativement aux produits que celui-ci a retirés des biens *habous* situés à l'intérieur et à l'extérieur de Blida. Ce règlement de comptes a donné les résultats suivants : le prix de location desdits immeubles, tant urbains que ruraux, mis à sa charge, s'est élevé à 6,366 rial. Il y a lieu de déduire sur cette somme, pour entretien des immeubles, frais de surveillance, étrennes et autres objets, celle de 5,500 rial. Il reste donc disponible une somme de 866 rial que le Sid Ali, l'oukil susnommé, a reçue de ses

______

(1) Ce sont les deux *odoul* dont j'ai parlé.

mains, d'une manière effective, à la vue de témoins, et dont il lui a donné pleine et entière décharge. Par suite, il est complètement libéré jusqu'à la fin de l'année 1239.

A la date des derniers jours du mois de redjeb de l'année 1240.

ORAN.— Il nous est parvenu la totalité des loyers de ceux des immeubles situés à Oran, tant à l'intérieur qu'à l'extérieur de cette ville, qui sont attribués par suite de *habous* aux pauvres des deux (villes) saintes et nobles, soit la somme de 1,500 rial boudjous formant le total de ces produits, après le prélèvement de l'entretien des immeubles et des autres dépenses; laquelle somme se répartit comme il suit : sept cent vingt-cinq boudjous proviennent de la location des fondations du bey Ali, à Oran ; quinze boudjous provenant de la location d'un jardin potager sis à Mascara ; dix boudjous proviennent de la location d'une boutique ; cinq cent cinquante boudjous proviennent des fondations du bey Mohammed. La totalité de cette somme a été apportée par l'honorable et respectable Sid Ben Aouda Boursali, Khalifa de l'honorable et respectable Seigneur Hassan, bey actuel de la province d'Oran, que Dieu trèshaut le protége. Décharge pleine et entière est donnée, tant au surveillant desdits biens habous, qu'au porteur des fonds, susnommé, de ladite somme, laquelle constitue une annuité entière desdits loyers, soit l'année 1244.

A la date des premiers jours de djoumada-premier de l'année 1245.

CONSTANTINE. — Le Sid Moustafa ben el-Abiod, caïd-eddar, surveillant actuel des biens habous de Constantine, a envoyé, par l'entremise de notre seigneur le bey, la somme de quatre cent quarante rial sebah formant le total des produits de l'année trente-six et de la première moitié de l'année courante. Sur les revenus afférents à cette période, il a été prélevé les dépenses relatives à l'entretien des immeubles et autres objets, soit deux cent quarante rial de ladite espèce, et le surplus a été intégralement et notoirement recouvré par le Sid Ali, oukil actuel des deux (villes) saintes. En conséquence, décharge pleine et entière a été donnée audit surveillant, en ce qui concerne le versement sus-indiqué.

A la date du second tiers de ramdan de l'année 1237.

— Le Sid Ibrahim Khodja, caïd-eddar actuel à Constantine, a envoyé, par l'entremise du khalifa de la province de l'Est, la somme de 355 rial sebah, formant le produit des biens habous; laquelle le sid Ali Khodja, oukil actuel des deux (villes) saintes et nobles, a reçue intégralement et a déposée dans le lieu ordinaire.

A la date des derniers jours de rebi-premier de l'année 4239.

— L'honorable Bakir Khodja, caïd-eddar actuel à Constantine, a envoyé à l'administrateur des deux (villes) saintes, par l'entremise du *Bache-hammar* Ben'Atouch, la somme de 254 rial boudjous, provenant du produit des biens habous sis à Constantine.

A la date du second tiers de l'année 1260.

§ 3e. — ENVOIS DE FONDS AUX DEUX VILLES SAINTES.

Ainsi que je l'avais déjà dit, les donations faites à cette corporation avaient pour but, en définitive, le soulagement des pauvres de la Mecque et de Médine. Aussi, les sommes restant disponibles après le prélèvement de toutes les dépenses que j'ai énumérées au § 1er étaient-elles envoyées plus ou moins régulièrement, mais ordinairement tous les deux ans, aux villes saintes.

Un fait singulier, c'est que la répartition des fonds envoyés se faisait d'avance, à Alger même, devant le midjelès, en présence du cheikh el-belad, de l'amin des amins, d'une commission déléguée par l'armée, et sous la direction suprême du pacha. Une liste des personnes qui devaient recevoir des secours à la Mecque ou à Médine était dressée et les individus nominativement désignés dans cette liste pouvaient seuls participer à l'envoi de fonds fait d'Alger.

Conformément à la méthode que j'ai adoptée dans cette notice, je vais donner la traduction d'un de ces bordereaux d'envoi de fonds. Avant de commencer cette traduction, je crois devoir dire deux mots de l'original. Suivant l'usage local, cette pièce se compose de feuilles de papier collées les unes à la suite des autres, et formant une longue bande, ayant quelquefois plusieurs mètres de longueur, qui, lorsqu'on n'en fait pas usage, se roule sur elle-même. Ce rouleau est orné d'un frontispice composé de dessins et d'arabesques plus ou moins symétriques et relevés par un coloriage dans lequel dominent le vert, le rouge, le jaune et le bleu. Chacun des noms des individus admis aux secours est encadré dans des filets exécutés à l'encre rouge. Un double encadrement longitudinal de même nature renferme l'écriture dans de justes limites et l'empêche d'empiéter sur les marges.

Voici maintenant la traduction que j'ai annoncée :

» « Cette pièce est destinée à Médine la resplendissante (1).

(Suivent le cachet du pacha Mohammed ben Otsman (1179) et celui du cadi hanefi).

» Que la louange soit adressée à Dieu autant qu'il en est digne. Que la bénédiction et le salut soient sur notre seigneur Moham-med, son prophète et son adorateur!

» Dans la grande mosquée de la (ville) bien gardée d'Alger — que le Très-Haut la préserve des maux de l'adversité ! — Les Directeurs (amin) des bureaux des deux (villes) saintes et nobles dans ladite ville, lesquels sont : l'honorable, très-noble, vertueux et considérable sid Ahmed, fils de *celui qui a été l'objet de la miséricorde* du Vivant, du Subsistant, le sid El-Hadj Moustafa, l'Andalous, fils d'Omar ; son compagnon, l'honorable et excellent sid Mohammed, fils d'El-Hadj Abderrahman ; l'honorable et considéré sid Hossaïn, le chérif, manzoul aga, le Turc, fils d'Abdallah, et l'honorable et pur sid Moustafa, manzoul aga, le Turc, fils de Mohammed ;

» Ont versé les produits des biens habous que les deux (villes) saintes et nobles possèdent dans ladite ville, lesquels produits se sont amassés entre leurs mains pendant une année, qui est l'année mil cent quatre-vingt-douze, et s'élèvent à la somme de quinze cents pièces d'or, au coin d'Alger, dites sultanis, dont cinq cents sont destinées aux pauvres de Mekka (la Mecque) la noble, et le surplus, soit mille pièces, aux pauvres d'El-Medina (Médine) la resplendissante, ainsi qu'il sera dit plus bas ;

» Et cela en présence des seigneurs notables, flambeaux de l'époque, composant le midjelès éclairé, réuni à la grande mosquée sus-mentionnée, lesquels sont : (1° et 2°) les deux cheikh, les deux théologiens, les deux savants, les deux prédicateurs , les deux éloquents; les deux savants versés dans les traditions relatives au prophète, les deux pontifes, les deux modèles , les deux professeurs, les deux célèbres, les deux muftis, les deux seigneurs, lesquels sont : Après la glorification de Dieu et l'invocation des grâces divines sur le Prophète (2), a écrit ceci l'humble Hassan ben Ahmed Et-Tefahi, mufti des hanefis dans la (ville) bien-gardée d'Alger, et l'humble devant son Dieu glorieux (3), Mohammed ben

(1) Cette phrase est écrite en grosses lettres jaunes dans le frontispice.

(2) Cette phrase est de la main même du mufti hanefi et tient lieu de la signature de ce magistrat : c'est ainsi que signaient les muftis.

(3) Même observation.

Ahmed ben Djadoun, que Dieu lui soit en aide (1) ! et (3°) le cheikh, le jurisconsulte, le savant, le très-docte, le considéré, le docteur, l'éminent, le cadi des cadis, mine de bonté et de bienfaits, Aboul 'Abbas, le sid Ahmed Effendi, cadi des hanefis dans la (ville) bien gardée d'Alger, à la présente date (Que Dieu le fortifie !) lequel a apposé son cachet et son apostille en tête du présent, que sa puissance et son élévation soient durables ! et (4°) le cheikh, le pontife, le très-docte, le magnanime, illustration des cadis et mine de vertus et d'allégresse, cadi des Malekis et rédacteur des jugements légaux dans ladite ville, qui a tracé son nom dans son paraphe. Que Dieu le comble de bienfaits et fasse miséricorde à ses vertueux père et mère (2).

» Et aussi en présence du *cheikh el-belad* de ladite ville, lequel est l'honorable et noble sid Mohammed, fils du défunt sid Mohammed, fils d'El-Habki (Habchi ?), ainsi connu, et de l'amin des amins, lequel est le sid Ahmed ben el-Hadj Omar.

» La somme sus-énoncée a été répartie en totalité entre les personnes qui vont partir pour se rendre à la maison sacrée de Dieu et visiter le tombeau du Prophète (sur lui soient la plus abondante des bénédictions et le salut !), avec l'autorisation de celui à qui appartient le droit d'ordonner et de défendre dans ladite ville, lequel est le prince magnanime, le champion de la guerre sainte combattant pour la cause du Souverain, de Celui qui sait tout (Dieu), qui est investi d'une dignité suprême et d'un pouvoir redoutable, qui est doué des bontés, des vertus, des qualités et des perfections, notre maître le seigneur Mohammed Pacha (Que Dieu Très-Haut lui accorde les biens qu'il désire, et le favorise du triomphe, du succès et d'une victoire éclatante par les mérites du Seigneur des Premiers et des Derniers !), qui a apposé son cachet en tête du présent (que son règne et son élévation se perpétuent !) ;

» Et cela en présence de ceux d'entre les membres de l'armée victorieuse qui ont été désignés à cet effet pour assister au midjelès prospère, par l'ordre de celui qui a été nommé, savoir : le sid Mohammed, yayabachi, ben Ibrahim, de l'odjak 398 ; l'honorable et considéré Moustafa, yayabachi, ben Hassan, de l'odjak 403;

(1) Ici reprend l'écriture du rédacteur de l'acte.

(2) Suit une signature très-compliquée, exécutée à l'encre rouge, dans laquelle on lit : « Mohammed, que Dieu le protège par sa bonté ! »

Mohammed le janissaire, odabachi, ben Ali, de l'odjak 67; et l'honorable sid Ali, chaouche de l'armée victorieuse, ben Haçan, de l'odjak 404.

» Les personnes qui partent pour accomplir le pélerinage de la maison sacrée de Dieu, sont : Moustafa, ex-chaouche des troupes, beit el-maldji, fils de Mohammed le Turc, de l'odjak 1 ; Ali, ex-chaouché des troupes, fils de Ramdan, de l'odjak 389; Otsman chérif, le bombardier, le Turc, fils de Bakir, de l'odjak 253 ; le sid Mohammed chérif, le bouloukbachi, le Turc, fils de Moustafa, faisant partie de l'odjak 213 ; le sid Moustafa, le janissaire, domicilié à Coléa, natif de Gigeli, fils de Mohammed, appartenant à l'odjak 383 ; le sid Moustafa, le janissaire, l'Algérien, fils de Mohammed, de l'odjak 119 ; le sid Hoçain, bouloukbachi, ex-bache-aga, fils de Moustafa le Turc, de l'odjak 117 ; le sid Otsman, janissaire, fils d'Ali le Turc, de l'odjak 369 ; Ali, janissaire, fils d'Ali, de l'odjak 132 ; le sid Mohammed, le janissaire, ben Moustafa, de l'odjak 203 (que Dieu exauce leurs désirs, facilite leurs œuvres et les prenne sous sa garde redoutable par le patronage de notre prophète Mahomet, l'intercesseur, sur qui soient les bénédictions divines et le salut !).

» Les personnes en partance pour l'enceinte sacrée, mentionnées ci-dessus, ont reçu desdits directeurs, la totalité de la somme sus-énoncée, en présence de ceux qui ont été nommés. Cette somme a été répartie entr'eux, conformément à l'usage suivi dans ladite ville ; chacun d'eux conservera sa portion par devers lui, à titre de dépôt, jusqu'à ce qu'il l'ait remise aux ayant-droit, lesquels vont être désignés. Si l'un desdits voyageurs est dans l'impossibilité de continuer son voyage, ou reste en arrière, ses compagnons se chargeront de la somme dont il est porteur et en feront l'usage indiqué. Otsman boumbadji, Ali ben Ramdan, Mohammed Chérif, bouloukbachi, et Haçan, bach-aga, ont reçu chacun deux cents dinars; Moustafa, beit el-maldji, a reçu trois cents dinars; Moustafa l'Algérien, Moustafa de Coléa et Otsman le janissaire ont reçu chacun cent dinars ; Ali le janissaire, fils d'Ali, et Mohammed le janissaire, ben Moustafa, ont reçu chacun cinquante dinars. Celui qui fera des altérations ou des modifications, Dieu lui en demandera compte.

» A la date du second tiers de Chaban de l'année 1493. »

Suit une liste ainsi disposée et dont je ne donne que le commencement, car il serait sans intérêt de la reproduire en entier. — N. du T.

Trente-sept. (1)	Au cheikh de l'enceinte du Prophète, à Médine la resplendissante. *Payé.* (2)	37 (1)	Trente-sept.	Aux agas de la noble enceinte. *Payé.*	37
Cinquante	Au Prince (émir) de Médine la resplendissante, la pure, la noble. *Payé.*	50	Seize.	Aux *Ferrachin* (3) de la noble enceinte. *Payé*	16
Six.	Au cadi Hachem, à Médine la resplendissante. *Payé*	6	Deux.	A Ahmed ben 'Açoul. *Payé.*	2
Huit.	Aux imams et aux moueddens. *Payé.*	8	Trois.	A sid Omar Essenhoudi. *Payé.*	3
Six.	A Tadj ed-Din et à son frère Abderrahman, enfants d'El-Mérits ben Salah. *Payé.*	6	Cinq	Au cheikh Aboul Hacen, le professeur, et à ses enfants. *Payé.*	5
Un.	A Fatma, fille d'El-Hachemïa, femme d'Abd el-Khalak le Tlemcénien. *Payé.*	1	Quatre.	A Khedidja la cherifa, fille d'Abd el-Kerim el Berzendji. *Payé.*	4

(1) Ces deux colonnes indiquent, l'une en chiffres, l'autre en toutes lettres, pour éviter toute erreur, le montant de la somme destinée à l'individu dont le nom figure dans la colonne du milieu.

(2) Le mot *Payé*, mis dans chaque case, est d'une autre écriture et d'une autre encre que le reste de la liste. Il a donc été ajouté après coup. C'est indubitablement une mention mise en regard du nom de l'ayant-droit, à Médine même, pour indiquer que cette personne a reçu la somme qui lui était destinée. Cette circonstance indiquerait que ces bordereaux d'envoi de fonds étaient emportés à la Mecque et à Médine, et rapportés ensuite à Alger.

(3) Personnes chargées d'étendre les tapis dans l'enceinte sacrée.

Cette liste renferme en tout 360 cases semblables à celles que je viens de donner comme spécimen. Les sommes indiquées varient de 1 à 10 sultanis' Après la dernière case, la rédaction de cette pièce est continuée comme il suit :

Louange à Dieu, unique. Que la bénédiction et le salut soient sur celui après lequel il n'y a plus de prophète ! L'addition des sommes réparties entre lesdits pauvres, dans la liste ci-dessus, donne un total égal à la somme destinée à la noble enceinte du prophète. Cette somme est exclusivement destinée aux pauvres dudit lieu, et les riches n'auront à y participer avec eux en rien, à aucun titre ni dans aucune circonstance, absolument et radicalement. Ceux d'entre les pauvres indiqués ci-dessus qui seront trouvés recevront leur part entière et complète. Quant à ceux qui auront disparu, par suite de mort ou de toute autre cause, leur part sera donnée à des indigents comme eux ; mais alors la lettre *ta* sera placée sur leur nom de la manière suivante : ﭦ

Tout homme sage devra se conformer au présent, ne pas l'enfreindre ni y contrevenir ; ne pas commettre d'actes iniques, et n'entamer en rien la portion de ceux qui ont été désignés. Quiconque aura altéré ou modifié (son dépôt), Dieu lui en demandera vengeance. Ceux qui ont commis des actes arbitraires apprendront quel est le châtiment qui leur est réservé !

Tout cela a eu lieu avec l'autorisation de celui qui est investi du gouvernement élevé et de la royauté agréable, lequel a apposé son illustre cachet ci-dessus. (Que son règne et son élévation se perpétuent !)

Le témoignage de ceux qui savent que tout s'est passé comme il est dit ci-dessus et qui ont connaissance de toutes les circonstances de cette affaire, a été recueilli ici à la date du milieu de chaban le béni, l'heureux, de l'année mil cent quatre-vingt-treize de l'émigration (hégire) de celui qui possède la puissance et la noblesse, que Dieu répande ses grâces sur lui et lui accorde le salut, qu'il le comble de noblesse, de munificence, de gloire et de grandeur.

(Suit la signature des deux assesseurs du cadi)

N'ayant pas eu le bonheur de réunir une collection complète de ces *bordereaux*, pièces si importantes au point de vue historique, puisque, énonçant le nom du pacha régnant et une date, elles auraient permis de dresser une chronologie exacte et authentique de ces chefs de la régence, je ne puis non plus donner une liste non interrompue des envois de fonds faits aux villes saintes. Cependant, j'ai réuni un assez bon nombre de ces indications, et j'en placerai quelques-unes sous les yeux du lecteur.

En 1089, il a été envoyé 1,200 dinars formant le produit de l'année 1088, et cela par l'entremise d'un grand nombre de notables s'embarquant, pour faire le pèlerinage des saints lieux, sur un navire grec en partance pour Alexandrie.

En 1096, envoi de 400 dinars d'or par un navire hollandais (puisse Dieu convertir son capitaine à l'islamisme !)

En 1104, envoi de 1666 dinars d'or, dits sultanis, formant le produit des années 1103 et 1104, par des pèlerins s'embarquant sur le navire du grand, respecté, considérable et pieux Raïs le hadji Ahmed ben R'anem.

En 1118, envoi de 1500 sultanis formant le produit de l'année 1111, par les pèlerins s'embarquant sur le navire de *Masin*, capitaine français, en partance pour Alexandrie. (Que Dieu les conserve tous !)

En 1119, envoi de 1500 sultanis, formant le produit de l'année 1113, par une caravane algérienne que dirige le cheikh el Mouhoub.

En 1122, envoi de 1500 sultanis, formant le total des produits de l'année 1114, par une caravane algérienne que dirige le cheikh ben Teyba ben Sidi Bouzian.

En 1125, envoi de 1000 sultanis, formant le montant des produits de l'année 1115, par une caravane dirigée par El Mouhoub ben Mohammed el Hadj *Sahab Medoukal* (?).

En 1127, envoi des produits de l'année 1116, soit 1500 sultanis, confiés à des pèlerins s'embarquant sur le navire du capitaine *Bir*, l'anglais, en partance pour Alexandrie. (Que Dieu conserve les pèlerins qu'il porte !)

En 1131, envoi des produits de l'année 1118, soit 1500 sultanis, par le navire du capitaine *Milhil Elelsen*, le chrétien anglais, en partance pour Alexandrie.

En 1132, envoi : 1° des produits de l'année 1131, soit 1500 sultanis ; 2° des produits de l'année 1128, soit 500 sultanis par le navire du capitaine Nicolas (Nekoula) oudjir (Auger ?), le Français, partant pour Alexandrie. (Fasse Dieu que le navire soit conservé !)

En 1139, envoi des produits de l'année 1139, soit 500 sultanis par des pèlerins s'embarquant sur le navire du capitaine *Djounit*. chrétien-français, en partance pour Alexandrie. (Fasse Dieu que le navire soit conservé et protégé!)

En 1148, envoi de 3000 sultanis confiés à l'honorable et respecté champion de la guerre sainte, le pèlerin El Hadji Mohammed, fils du défunt Sid Abdy Pacha. (Que Dieu lui fasse miséricorde!

En 1175, envoi de fonds par une caravane dont le chef est El-hadj Mohammed ben Abd el-Ouahid ben sidi el-Khiladi, de la descendance de sidi Ahmed ben Youcef.

Les individus natifs de la Mecque ou de Médine qui se trouvaient de passage à Alger, avaient droit, pendant toute la durée de leur séjour, à une allocation proportionnée à leur position et à leur rang. Ces individus justifiaient ordinairement de leur origine, au moyen d'une lettre émanant des gens de la Mecque ou de Médine. C'est une de ces lettres que je donne ci-après, pour terminer ce paragraphe.

Lettre adressée au Pacha d'Alger par des gens de Médine.

« A celui qui est l'objet de la félicité, ainsi que de la grâce et de la faveur divines, qui a l'affection de tous, dont la générosité est l'apanage et qui est doué des plus nobles qualités, mon Seigneur,— puisse faire le Souverain Très-Haut que votre astre ne cesse de graviter dans les cieux et d'y briller d'un éclat resplendissant; puisse Votre Altesse être préservée de tout danger par la grâce de Dieu, amen! Cette lettre vous est adressée par des gens qui sont loin de vous, et qui habitent actuellement la ville de Médine la resplendissante (puisse Dieu la faire resplendir jusqu'au jour dernier!), près du saint tombeau. Ils vous adressent, tout en formant des vœux pour Votre Altesse, le porteur de la présente, qui demande un subsisde proportionné à son rang ; ils implorent la faveur de votre munificence avec instance et aussi les effets de votre assistance. Ils vous comprendront dans les prières qu'ils font, aux heures bénies, auprès du saint tombeau et de la pierre vénérée et formeront des vœux ardents pour leur seigneur doué des plus nobles qualités et l'objet de la félicité, notre sultan.

» De sa main : El-sid Hassan ben el-sid Abdallah el-'Aloui, demeurant à Zakak (rue) beni Hossaïn ;

» De sa main : le seid Abdallah el-A'oui el-'Attas, mouden de l'enceinte sacrée ;

» De sa main : Mounla Moustafa ben Hassan Effendi Bousenani Zada, ferrache de l'enceinte sacrée ;

» De sa main : Ec-cherifat Halima el-Aloyat, el-Attassyat, fille de sid Abdallah Attas.

» De sa main : Chikhat Roukiyat, fille de Mounla Moustafa, et mère de Mahamed Effendi, Dourkeli, Haffiz ;

» De sa main : Chikhat Khedidja bent Hassan Effendi, épouse de sid Ibrahim Zerihani, ferrache de l'enceinte sacrée ;

» De sa main : Ec-cherifat, fille de sid Abdallah Attas el-Aloui ;

« De sa main : Chikhat Fatma, femme de Mounla Moustafa ben Senany, employée à l'enceinte sacrée ;

» De sa main : Chikhat Fatma Hamidiya, fille de Cheikh Mohammed Djemâl et mère de sid Abdallah Attas ;

» De sa main : Cheikh Hassan ben Mounla Moustafa ben Senani, ferrache de l'enceinte sacrée ;

» De sa main : Mohammed ben Abdallah ben Senani Zada.

» (P. S.) Monseigneur, la tradition dit qu'un seul bienfait sera compté pour dix le jour de la résurrection et que Dieu vient en aide à l'homme tant que l'homme vient en aide à son frère. »

§ IV. — DEMANDES DE SECOURS.

Exposer que le pacha d'Alger avait la haute main, en vertu de sa dignité supérieure, sur la répartition des aumônes envoyées aux pauvres des deux villes saintes, c'est dire qu'il était assailli de demandes de secours.

Parmi les nombreuses lettres de cette nature que j'ai eues à ma disposition, j'ai choisi les suivantes comme types de l'éloquence des solliciteurs de la Mecque et de Médine.

I. Lettre adressée par des gens de Médine au pacha d'Alger.

« Au nom de Dieu clément et miséricordieux ! Dieu veille à notre défense et pourvoit à nos besoins !

» Que Dieu répande ses grâces sur notre seigneur Mohammed, ainsi que sur sa famille et ses compagnons et qu'il leur accorde le salut.

» Louanges à Dieu, dont les œuvres sont immenses, qui est plein de bonté et de générosité et dont les bienfaits ont toujours existé. Il n'y a de Dieu que lui. Il est généreux et magnanime ; il est le souverain des hommes et le destructeur des ennemis. Rien ne saurait l'égaler. Il entend tout et il sait tout ; que la bénédiction et le salut soient sur son élu et son envoyé Mohammed, que Dieu

2

le Très-Haut répande ses grâces sur lui et lui accorde le salut, ainsi qu'à ses pieux et nobles compagnons, particulièrement nos seigneurs et imams Abou Bekr es-Sadik (le sincère), Omar el-Farouk et tous les compagnons de sidi El-Kawnin (que la satisfaction du Très-Haut soit sur eux tous!), lesquels sont nos protecteurs en toutes circonstances. Nous leur demandons d'être nos intercesseurs auprès de Dieu Très-Elevé, et de faire agréer les prières que nous lui adressons pour qu'il protège par le glaive d'une puissance irrésistible et qu'il regarde avec l'œil efficace de la sollicitude celui qui est l'épée des guerriers de la foi et qui est l'appui de la piété des Musulmans, celui qui répand ses bienfaits sur les faibles et les malheureux qui avoisinent le Seigneur des Envoyés, celui qui est le soutien des ministres et la ressource des infirmes et des pauvres — le gouverneur d'Alger; que Dieu le conserve, lui soit en aide en toutes circonstances et le fasse triompher des mécréants, ses ennemis, par le patronage du Digne de confiance, de l'Elu (Mahomet), que Dieu Très-Haut répande ses bénédictions sur lui et lui accorde le salut, ainsi-soit-il, ô souverain des mondes! Ensuite, les pauvres (soussignés) habitant Médine la ville du Prophète et qui se consacrent à adresser des prières matin et soir, pour que vous triomphiez de vos ennemis, sollicitent de Votre Seigneurie élevée la faveur de participer à vos bienfaits et de voir leurs noms inscrits parmi ceux des pauvres de la ville de Médine la resplendissante, qui touchent des aumônes. Le prophète de Dieu (que Dieu répande ses bénédictions sur lui et lui accorde le salut!) a dit : Chaque bienfait sera compté pour dix bienfaits et tout ce que vous ferez de bien, vous le retrouverez auprès de Dieu.—Venez donc à leur secours, car ils sont faibles, nécessiteux et ils habitent dans le voisinage du Seigneur des Envoyés (Mahomet) ; que Dieu très haut vous couvre de sa protection. Amen !

» Le ferrache (1) à la noble pierre Mohammed ben Soliman Bali Hossaïni. — Bellal, suivant d'Abderrahman Sadok. — La cherifat Annaba, épouse de Mohammed, fils de Soliman Bali. — Abdelkader ben Abderrahman Sadok. — Otsman, fils de Mohammed, fils de Soliman Bali. — Le serviteur des pauvres Abderrahman, fils de Mohammed Saâud Sadok. — Soliman, fils de Mohammed Soliman Bali. — Amenat, fille d'Abderrahman Sadok. — Siam, fils de Ramdan el-Hariri, — Fatmat *Kerimat* d'el-Cherifat Annabat,

---

(1) Personne chargée d'étendre les tapis.

épouse de Mohammed Soliman Bali. — Abderrahman ben Siam el-Hariri. — Barkat, esclave d'Abderrahman Sadok.—Rekiat, mère de Mohammed Soliman Bali. »

Au dos « Par la grâce du Très-Haut, cette lettre parviendra à Sa Seigneurie le très heureux, très fortuné, objet de la faveur divine et des bénédictions, mon seigneur et mon sultan, le gouverneur (ouali) actuel d'Alger.

II. Lettre adressée au pacha d'Alger par des gens de Médine.

« A Monseigneur, qui est l'objet de la félicité, ainsi que de la faveur divine et dont la bienveillance et la générosité sont inépuisables, mon sultan. — Puisse Votre Seigneurie être favorisée d'une élévation constante et jouir à jamais de la protection de celui qui dispense les biens. Tels sont les vœux que je forme, dans toute la sincérité de mon cœur. Votre serviteur qui exalte vos œuvres, va vous exposer ce qui suit : Vos bonnes œuvres sont immenses et votre fervente charité vous méritera la prolongation de vos jours et la félicité. Celui qui se compare à la poussière que foulent vos pieds, aspire à participer à vos bienfaits. Votre serviteur, poussière de vos semelles, ainsi que les personnes dont les noms figurent au bas de la présente, font partie de la population de Médine la resplendissante (puisse Dieu la faire resplendir jusqu'au jour de la vie future !). Ils vous supplient de les inscrire sur votre liste. Dieu glorieux et très haut (que ses œuvres soient glorifiées !) vous accordera la plus belle des récompenses, vous conservera, protégera votre règne contre toute calamité et vous comblera de prospérités ! Nous demandons de vos éminentes vertus que vous nous accordiez une manifestation de votre munificence et que vous daigniez agréer la requête de la poussière de vos semelles. C'est là ce que nous espérons de notre seigneur, objet de la félicité ainsi que de la faveur et de la grâce divines, source de bénédictions, notre sultan, dont la sollicitude et la générosité sont immenses.

» Celui qui fait des prières pour votre bonheur, le cheikh Abdelkader, neveu du cheikh Hamza Feid Allah el-Madani (le Médinois);

» Celle, etc., cheikhat Sadat, disciple de cheikh Moustafa Amar el-Madani;

» Celle, etc., cheikhat Abidat, épouse de cheikh Moustafa Amar el-Madani;

» Celle, etc., cheikhat Fatmat, fille de Mohammed Salah Amar el-Madani;

» Celui, etc., Haffiz Mohammed Salah, fils de cheikh Moustafa Amar el-Madani ;

» Celui qui, etc., le cheikh Moustafa Amar el-Madani. »

§ V. — Lettres de recommandation.

Les gens de la Mecque et de Médine ne se contentaient pas d'adresser au pacha d'Alger des demandes de secours. Ils entraient aussi en correspondance avec lui pour lui recommander des voyageurs, pensant, sans doute, que la considération dont doivent nécessairement jouir des personnes qui ont l'honneur d'habiter les villes saintes rejaillirait sur leurs protégés et les ferait accueillir avec plus d'empressement et d'égards.

Parmi ces lettres de recommandation, je choisis les deux suivantes comme spécimen :

I. Lettre adressée au pacha d'Alger par des fonctionnaires
de la Mecque.

« A notre seigneur, l'honorable Hossaïn Pacha.

» Louange à Dieu !

» O Dieu ! O toi qui accueilles la prière de celui qui remet son sort entre tes mains et qui place son espoir en toi ; — ô toi qui protéges de ton assistance celui qui se confie à toi et qui rapporte tout à toi ; — je t'implore, en étendant vers toi les mains ouvertes de l'espérance et de l'humilité ; — je te supplie humblement en étreignant la corde du patronage; — et je te conjure avec ferveur, par des prières dérobées aux lieux de l'exaucement — accueillies aux heures où les grâces se manifestent, — de perpétuer le règne du vizir considérable,—du pacha puissant et éminent, — joyau capital du collier des illustrations, — devant la grandeur duquel s'humilient les plus célèbres rois; par lequel le collier de ses vassaux a été harmonié dans l'ordre le plus beau ; — le pacha qui a ceint le siècle d'une couronne dont les bords sont enrichis de broderies ; — qui est élevé au-dessus des plus élevés par la splendeur de sa gloire et de son éclat ; — qui est unique par toutes ses vertus ; — et qui ne saurait être égalé ; — il est sans pareil et sa grandeur et son illustration ont atteint l'apogée de la gloire ; — lion courageux, il consacre à de hautes œuvres son souffle et les plus précieux biens ; — il rend le blanc rouge dans l'arène des héros — sa bravoure est telle que les degrés de la compréhension sont insuffisants pour en saisir le récit ; — et que les lettres de l'intelligence sont impuissantes à la décrire ; — il a atteint le sommet le plus élevé des plus hautes dignités et leur point culminant ; — sa droite s'est saisie du faîte des grandeurs et sa gauche en dirige les rênes ; — comment n'en serait-il pas ainsi, puisqu'il est la montagne élevée dont les degrés s'étagent superbement, — la mer profonde dont les vagues se diffusent en générosité, — la *kibla* (1(de libéralité autour de laquelle les aspirations de l'espérance ne cessent de tourner processionnellement ; le sanctuaire de ses munificences est incessamment l'objet du pèlerinage de troupes qui se succèdent sans fin ; — il est riche par ses propres perfections et peut se passer de la célébrité de ses nobles ancêtres ; — son nom illustre est tracé en tête de le présente missive ; — puisse Dieu perpétuer sa seigneurie et l'exhausser, — accorder son assistance à son règne, — auquel sourient les lèvres des jours, — et éterniser ses vertus, à l'ombre desquelles reposent en paix tous les hommes ! Amen ! amen ! amen ! — Et ensuite, ce qui parviendra à la connaissance de Votre Seigneurie, qui surpasse en élévation la constellation des Gémeaux, — et qui domine le firmament, — est que lorsque retentit votre nom, exalté par tout arrivant, — et que, de toutes parts, éclatent vos louanges répandues par tout venant, — les brises de la sympathie soufflent vers vous et font éclore un vif désir de contempler votre visage resplendissant, — de se prosterner sur le seuil de vos hautes dignités, — d'être admis aux sources de votre générosité universelle, — et de se désaltérer à l'eau limpide de votre pluie bienfaisante qui se répand au loin dans les cascades de la magnificence. — Notre affectionné, le très grand, — notre sincère ami, le très célèbre, — le savant, l'érudit, — le vertueux, le très intelligent, — celui dont le savoir dissipe les plus grandes difficultés et en donne l'explication ; celui dont tous les gens de cette nation, les plus éloignés comme les plus proches, reconnaissent l'éloquence et l'élocution élucidante ; — celui qui tient les rênes de tout ce qui est prononcé et de tout ce qui est compris ; — celui qui fait revivre les sciences tombées dans l'oubli ; l'orateur qui a hérité de l'éloquence de *Gahban* (2), le cheikh

---

(1) On appelle ainsi le point vers lequel les Musulmans doivent se tourner pendant la prière.

(2) *Gahban*, nom d'un homme de la tribu Waïel, dont l'éloquence entraînante a passé en proverbe et qui, dit-on, haranguant une assemblée pendant une demi-journée, ne s'est pas servi deux fois du même mot.

Mohammed, connu sous le nom d'Abou Zian, vient de partir pour se rendre dans le vaste champ de votre grandeur et se présenter devant la seigneurie de Votre Altesse très célèbre; nous désirons de vos bienfaits qui s'étendent sur l'univers entier et qui débordent sur tous les êtres vivants, que vous l'accueilliez avec la figure de la satisfaction et de la sympathie, que vous réalisiez tout désir et tout espoir; que vous le regardiez avec l'œil de votre assistance, regard de miséricorde et de magnificence; que vous le combliez de la pluie de vos munificences immenses, que vous l'approchiez de vous, en sorte qu'il occupe auprès de vous une place après laquelle il n'est rien d'enviable, — et un rang sans bornes; que vous écartiez de lui tout préjudice et toute embûche, et que vous facilitiez son retour vers les régions de la Mecque pour vous conformer à cette parole rapportée d'après le Seigneur du Message, abrité par le nuage (Mahomet) : « Celui qui aura » écarté d'un croyant une angoisse d'entre les angoisses de ce » monde, Dieu écartera de lui une angoisse d'entre les angoisses » du jour de la Résurrection. »

» Que le salut soit sur vous, ainsi que la miséricorde de Dieu!

» L'ami qui fait des vœux pour que vous soyez favorisé de l'assistance divine et de la victoire, l'humble devant son Dieu très-haut Mohammed fils de Mohammed, mufti des Malekis, à la Mecque:

» L'humble devant son Dieu très haut, qui prie pour vous, Mohammed fils de Yahya, mufti des Hanbala dans la ville de Dieu, le digne de confiance ;

» Celui qui fait des vœux pour vous, l'humble devant son Dieu, Mohammed Omar fils d'Abou Bekr, mufti des Chafa'ia, à la Mecque ;

» Celui qui prie pour vous, Ishak fils d'Akib, directeur actuel des chérifs, à la Mecque;

» Soyez charitable, car Dieu aime ceux qui pratiquent les bonnes œuvres. Celui qui ne vous fréquente pas, mais qui n'a entendu rapporter que du bien de vous, l'indigne Abdallah fils de Moham- arme mufti des Hanafis, à la Mecque la noble. Que Dieu très haut lui soit en aide, amen !

» 25 de Moharrem le sacré de l'année 1244 (1828). »

II. Lettre adressée au pacha d'Alger par des gens de Médine.

« A mon seigneur, objet de la félicité, ainsi que de la faveur et de la grâce divines. Puisse Votre Eminence être favorisée d'un bonheur constant et de triomphes éclatants. — Cette lettre, émanée des gens de Médine la resplendissante est confiée au fils du cheikh *Aboul Fodl* Ahmed Effendi, appartenant à la classe des savants et des hommes de bien; — il mérite que vous le traitiez avec honneur et égards et que vous lui donniez des marques de votre munificence et de votre générosité. Notre espérance, est donc qu'à son heureuse arrivée auprès de vous, il recevra aide et assistance et que le puissant appui de Votre Eminence ne lui fera pas défaut, non plus que la munificence de Votre Excellence.

» De sa main : Aboul Fodl le cheikh Ahmed Effendi;

» La cheikhat Selmat, fille d'Aboul Fodl;

» La cherifat Alouiyat fille d'El-Meresen ;

» La mère de Mohammed Aboul Fodl;

» La cherifat Sa'adat, épouse d'Aboul Fodl ;

» Aboul Fodl, *haffith* du Coran, Mohammed Effendi fils du cheikh Ahmed Effendi.

» Notre seigneur, chaque année nous apporte de nouveaux témoignages de votre sollicitude pour les habitants de Médine : au nom de l'Envoyé de Dieu et de ses successeurs, ceux qui viennent de faire connaître leurs noms, vous demandent de les faire participer à vos bienfaits et d'étendre sur eux votre munificence. *

§ VI. — CORRESPONDANCE RELATIVE AUX PÈLERINS.

Puisque j'ai été amené à constater que les fonds envoyés aux deux ville saintes étaient confiés aux pèlerins, je ne crois pas sortir de mon sujet en publiant quelques pièces relatives aux rapports officiels qui s'établissaient entre la régence d'Alger et l'Egypte, à l'occasion des pelerinages.

On a pu remarquer dans la nomenclature des envois de fonds faits à la Mecque et à Médine, que quelques convois de pèlerins ont pris la voie de terre et effectué ce voyage en caravane. Mais c'était là l'exception et la voie de mer était ordinairement préférée, avec raison, comme étant plus courte et moins pénible.

Chaque troupe de pèlerins était accompagnée d'un agent délégué officiellement par le pacha pour remplir les fonctions de *beit el-maldji*. Cet agent avait pour mission spéciale de recueillir et de rapporter à Alger la succession de tout Algérien, faisant partie de son convoi, qui décédait pendant le trajet. Il était aussi chargé des rapports officiels avec les autorités des pays qu'on traversait

et avec les représentants que la régence d'Alger entretenait dans
ces contrées.

I. Lettre adressée au pacha d'Alger par le pacha d'Egypte, pour l'assurer
de la protection donnée aux pèlerins algériens.

« A celui qui est favorisé de la félicité et de la faveur divines
et qui est l'objet de mon extrême affection, mon frère très puissant
et très noble, mon seigneur au rang illustre. Puisse Votre Seigneurie être favorisée d'une puissance constante et être comblée
d'honneurs et de respects. Et, après avoir offert à Votre Altesse
mes vœux sincères, dictés par une amitié dévouée et mes saluta-
tions complètes, expression de mon affection, je prie le Dieu glorieux et très-haut de vous accorder à jamais sa protection et
son appui ! — Mon frère très puissant, favorisé de la félicité et de
la faveur divines, objet de ma vive affection, puissiez-vous être
préservé de tous les maux et de toutes les calamités ! Tels sont
mes vœux. Puissent les pèlerinages que vous effectuez aux deux
(villes) nobles et saintes, ne discontinuer ni se ralentir, et être fa-
vorisés, comme toujours, de la paix et de la sécurité ! — Mon frère
très puissant, objet de la félicité et de la grâce divines et de ma
vive affection, depuis longues années, notre pays prête aide et assistance au vôtre ; les pèlerins appartenant à votre odjak sont l'objet
d'un intérêt incessant et de soins empressés de la part de tous et
surtout de nos soldats ; à partir du moment où ils se trouvent sur
notre territoire, ils reçoivent une protection spéciale. De tels faits
sont dignes d'être portés à votre connaissance, car vous y trou-
verez un gage de considération et d'amitié, et c'est là l'objet de
cette lettre dont je viens vous importuner. Mon frère très puissant,
favorisé de la félicité, de la faveur divines, objet de mon extrême
affection, cette année bénie, l'heureuse tradition suivie jusqu'à ce
jour est observée : les guerriers de votre odjak sont l'objet des
honneurs et de la considération comme par le passé ; les attentions
et le respect leur sont prodigués ; les pèlerins sont dans les meil-
leures relations avec nos soldats ; aucun d'eux ne sera atteint par
le moindre préjudice jusqu'à ce qu'ils effectuent leur retour conformément aux anciens usages. Les bagages des soldats et les ac-
quisitions de riz sont affranchis de tout droit de douane. Un firman
a été rendu à ce sujet et il fait foi de la protection la plus mani-
feste et la plus désirable. Lorsque les pèlerins auront accompli, par

le décret de l'Adorable, leur intention digne de louanges et d'é-
loges, ils retourneront dans votre contrée.

» Mon frère très puissant et très noble, favorisé de la félicité et
de la grâce divines, objet de ma vive affection, puisse le Dieu glorieux et très-haut, prolonger votre existence pour le bonheur de
votre siècle, vous garder et vous protéger, et vous accorder une
puissance incessante, ainsi soit-il! par le patronage du Seigneur
des Premiers et des Derniers (Mahomet). Puisse Votre Seigneurie
jouir d'une puissance et d'une élévation constantes.

II. Lettre adressée au Pacha d'Alger par le délégué du Pacha d'Egypte, et
relative aux pèlerins Algériens.

A mon seigneur fortuné, bienveillant et brave, dont le rang est
illustre. Le serviteur de la terre des semelles de votre Altesse prie
Dieu, dont les œuvres sont immenses, de favoriser, dans toutes les
circonstances, votre Éminence de sa protection et de ses grâces.
Les gens de votre pays, qui, cette année bénie, doivent accomplir le
pèlerinage et visiter l'enceinte sacrée, avec votre autorisation, sont
arrivés accompagnés d'El hadj Mohammed Chaouche, désigné par
vous pour remplir les fonctions d'agent du Beit-el-Mal. Il a fait
remise entre nos mains de votre illustre lettre, ensemble votre
magnifique cadeau. Cette envoi nous a causé une vive satisfaction.
Par la grâce du Très-haut cette lettre me méritera l'agrément de
votre seigneurie.

19 de Ki'dat de l'année 1242.

L'ami dévoué et sincère,

El hadj Mohammed, délégué du Pacha d'Égypte pour
la surveillance du pèlerinage.

(signature et cachet)

III. Lettre adressée par un agent de la Régence à un fonctionnaire d'Alger,
relativement au pèlerinage des algériens.

A mon seigneur fortuné, bon et bienveillant, mon bienfaiteur,
dont la libéralité et la générosité sont grandes.

Puisse le Créateur préserver votre seigneurie de tous les
maux. Ce sont les vœux de celui qui prie pour vous. Chaque année,
les enfants de la Régence d'Alger d'Occident ainsi que les enfants de
ses arabes accomplissent le pèlerinage des musulmans, accompa-

gnés d'un agent du Beit-el-Mal, et tous reçoivent, chaque fois, aide
et assistance, soit en allant soit en revenant. Cette année, les pèlerins sont arrivés accompagnés de votre serviteur MAHMOUD CHAOUCHE,
agent du Beit-el-Mal, en vertu d'un ordre émané de votre seigneurie,
et comme d'usage lui et les siens ont été l'objet de l'assistance et
des soins. Par la protection du Dieu Très-Haut, ils effectuent leur
retour en salut et l'objet de la présente est d'en donner avis à votre
Seigneurie parfumée et de lui présenter mes hommages. Elle est
confiée aux soins de votre serviteur le Beit-el-Mal.

    5 de hidja 1243,

    Votre serviteur El hadj Ahmed, agent d'Alger d'Occident la
victorieuse, boulevard de la guerre sainte, à Rechid.

§ VII. — PRÊTS.

Enfin, pour clore la série de pièces dont j'ai entrepris la pu-
blication, je vais donner la traduction d'un acte constatant un prêt
sur gage, fait par les administrateurs de la Mecque.

Louange à Dieu ! après que l'honorable Abderrahman, le turc,
Khobotli de naissance, appartenant, d'après sa déclaration, à l'Odjak
395, fils d'Ali, eût reçu sur les fonds des deux (villes) saintes et
nobles, à titre de prêt gracieux, et par les mains des administrateurs des deux (villes) saintes, la somme de 460 *Rial draham serar ;*
et qu'il eût déposé entre les mains des administrateurs des deux
(villes) saintes, alors en fonctions, une *sarma* (1) en or, appartenant à
la dame Kamiz bent el hadj Ali, pour qu'elle soit conservée par eux
en nantissement de la dite somme jusqu'à ce qu'il ait remboursé la
totalité dudit prêt. — Ce qui se passait, antérieurement à la date
du présent, dans les derniers jours du mois de safar de l'année
1226 (du 17 au 25 mars 1811), et est consigné sur les registres des
deux (villes) saintes susdites, de l'écriture du second des signataires du présent et de son adjoint, ainsi que l'a recueilli d'eux le premier des signataires du présent.

La dame Kamiz susnommée décéda à la survivance de son frère
Mostafa le janissaire, le Bolouk bachi, sans plus, d'après ceux qui
en ont connaissance. Alors, le Sid el hadj Mehammed Khodja, administrateur actuel des deux (villes) saintes, fils d'Ibrahim, demanda à
l'honorable Mostafa le Bolouk bachi susnommé, frère de la proprié-

---

(1) Sorte de coiffure de femme, en forme de mître.

taire susdite, de lui rembourser ladite somme, remise à Abderrahman, le turc susnommé, sur les fonds des deux dites (villes) saintes,
moyennant quoi il retirerait la sarma précitée, appartenant à sa sœur
Kamlz susdite, et déposée entre les mains desdits pour ledit objet.

Mostafa susnommé fit droit à cette demande et remit au Sid
Mehammed Khodja, oukil prénommé, la totalité de ladite somme,
soit 360 rial de l'espèce susdésignée. Le sid Mehammed Khodja susnommé a reçu de lui la totalité de cette somme, et l'a placée dans
le bureau des deux (ville) saintes, là où il est d'usage de déposer
les fonds de cette origine. De même, Mostafa susnommé a reçu de
l'administrateur des deux (villes) saintes, la totalité de ladite sarma
en or, et cela d'une manière notoire, par devant le cheikh, cadi actuel, qui a apposé son illustre cachet en tête du présent, etc. A la
date du second tiers de Redjeb de l'année 1227 (du 21 au 30 juillet
1812).

CHAPITRE II.

*Le Sboulkheirat. — Les Andaloux. — Les Chorfa. —
Les Fontaines. — Le Beït el-Mal.*

§ Ier. — LE SBOULKHEIRAT.

Dans les actes que j'ai pu consulter et dont le plus ancien re-
monte à l'année 1073, le nom de cette institution est ainsi or-
thographié :

سبل الخيرات *Soboul el-Kheirat*, les voies des bonnes œuvres.
Deux fois, j'ai constaté que le premier des deux mots qui com-
posent ce nom est écrit سبول, *Soboul*, conformément à la pro-
nonciation usuelle, mais je crois que c'est une erreur. Trois fois
enfin j'ai rencontré le singulier سبيل *Sebil*, et alors il faudrait
traduire par la *voie des bonnes œuvres*. Mais c'est là une rare
exception, et l'orthographe que j'ai donnée en premier lieu est
la plus ordinaire.

L'institution du Sboulkheirat était hanafi. Elle était chargée de
la gestion des propriétés *habous* composant la dotation des mosquées de ce rite, de l'entretien de ces mosquées, de la gestion
des propriétés qui lui étaient spécialement attribuées par suite

de habous; enfin, de distributions d'aumônes aux indigents de la secte hanafi.

Voici la liste des mosquées particulièrement affectées au rite hanafi.

Djama el-Djedid, rampe de la pêcherie.

Djama Safir, rue Kléber.

Djama Dar el-Cadi, rue Bab-el-Oued.

Djama Chebarlia, rue de la Couronne.

Djama el-Kasba, rue de la Victoire.

     id.   dans l'intérieur de la Casbah.

Djama Chaban Pacha, rue des Consuls.

Djama Ketchaoua, rue du Divan.

On trouvera de plus amples renseignements sur chacune de ces mosquées dans leurs chapitres respectifs (II· partie, édifices religieux).

D'après un relevé fait dans un registre tenu vers 1835, voici quelles étaient à cette époque les ressources du Sboulkheirat.

RECETTES.

119 Immeubles.
212 Anas (rentes) } donnant un produit de 16,000 fr.

DÉPENSES.

1° Entretien des Mosquées
2° Dépenses pour le culte
3° Entretien des immeubles } 14,583
4° Secours aux indigents hanafi
5° Personnel

excédant   1,417

Cet excédant était consacré à la construction de nouvelles mosquées, à l'achat d'immeubles et autres œuvres pies devant contribuer à la prospérité de l'institution.

Le personnel du Sboulkheirat se composait de :

1 Administrateur (Oukil) ;

1 Ecrivain (Khodja), chargé des écritures ;

1 Chaouche, chargé de la surveillance des immeubles, de la rentrée des loyers, etc.

8 Tolbas, chargés de diverses lectures pieuses.

Je n'ai pu recueillir que les seuls renseignements ci-après, pour la chronologie des oukils de cette institution :

En 1186, El-Hadj Khelil, le turc.

En 1231, Fid Allah, le turc, ben Ali.

En 1233, Ibrahim ben Mohammed.

Les derniers agents du Sboulkheirat ont été : Mohammed ben Argaz, oukil ; Haçan Khodja, écrivain ; Ali el-Khezzath, chaouche. Cette corporation, placée sous le contrôle de l'administration française dès les premiers temps de la conquête, fut entièrement supprimée vers 1841.

§ II. — Les Andaloux.

Dans le courant de l'année 1609, les Morisques ayant été expulsés de l'Espagne, un million de personnes de toutes les classes et de toutes les conditions se trouva subitement sans asile et sans patrie. Cette décision privait la Péninsule d'un peuple intelligent et laborieux qui en faisait la richesse ; elle allait donner à la piraterie, qui désolait depuis longtemps déjà le littoral de la Méditerranée, un nouvel et énergique essor. Les proscrits vinrent se réfugier sur la côte septentrionale de l'Afrique, en face de cette belle Andalousie qu'ils espéraient revoir un jour. Cette espérance de retour était si vive que les chefs des familles exilées conservaient religieusement les clefs des maisons qu'ils avaient laissées en Espagne, ne doutant pas qu'un jour viendrait où ils pourraient rentrer dans leurs antiques demeures.

Les Morisques établirent un nouveau foyer de piraterie à Salé et grossirent les populations des villes de l'Afrique septentrionale et notamment d'Alger.

Cette immigration fut une bonne fortune pour la Régence d'Alger, et partout les Maures andaloux ont laissé des traces de leur infatigable activité. Ils ont relevé Cherchel de ses ruines, peuplé Blida et fondé Coléa. Ils ont planté les jujubiers et les oliviers de Bône, cultivé le coton à Mostaganem, et la soie à Coléa et doté d'eaux abondantes la ville d'Alger, qui n'avait auparavant que ses puits et ses citernes.

Mais les efforts de cette race laborieuse et industrieuse ne tardèrent pas à être paralysés par les allures brutales et les instincts grossiers et cupides du despotisme turc. C'est en vain que les Maures d'Espagne luttèrent contre ce régime abrutissant.

Sans cesse frappés ou menacés dans leurs personnes et dans leurs propriétés, tous ceux qui avaient conservé quelque aisance prirent le parti d'émigrer. Les autres s'éteignirent dans la misère, ou, perdant jusqu'aux germes d'une civilisation dont l'Algérie aurait pu s'enrichir, s'abaissèrent sous le fatal niveau de barbarie que les Turcs faisaient peser sur le pays dont ils étaient les dominateurs avides et inintelligents.

Il serait cependant inexact de croire que l'établissement des Maures andaloux en Algérie ne date que de 1609. Lorsque, par la prise de Grenade, en 1491, les vaillants descendants des Goths eurent définitivement repris aux Arabes le royaume que leur avait livré la bataille de Xérès, en 711, il y eut une première émigration dont il existe quelques traces.

A une époque que je ne puis fixer, mais qui est antérieure de beaucoup à 1609, il se forma, à Alger, une corporation dite *des Andaloux*. Les plus riches des émigrés faisaient des donations d'immeubles, à titre de *habous* pour subvenir au soulagement des plus pauvres et créer des établissements de piété et de bienfaisance. Ces fondations étaient faites, disent les actes constitutifs de habous, au profit des *indigents d'entre les Andaloux habitant la ville bien gardée d'Alger.*

J'ai recueilli soigneusement les dates des actes constatant des fondations de habous faites antérieurement à 1609, au profit des pauvres andaloux, les voici :

Année 980 (deux actes), correspondant à l'année 1574 de J.-C.

Année 981 (1575).

Année 1012 (1606).

Année 1013 (1607).

Année 1014 (1608).

Ces dates, prises avec beaucoup de soin sur des actes authentiques, infirment l'assertion souvent produite que l'établissement de la corporation des Andaloux est postérieure à l'expulsion des Morisques de l'Espagne, en 1609.

En 1639, la corporation des Andaloux fit construire de ses deniers une *Zaouïa* (ou *Mdersa*, école supérieure), et une mosquée, sur lesquelles on pourra trouver de plus amples renseignements au chapitre qui leur est spécial dans la deuxième partie de ce travail (*Edifices religieux*; Zaouiat el-Andelous, rue au Beurre).

§ 3. Les Chorfa.

Il existe chez les Arabes trois sortes de noblesse : la noblesse d'origine ; la temporelle ou militaire ; et la noblesse religieuse.

On appelle noble d'origine (*cherif*, pluriel *chorfa*), tout musulman qni peut, au moyen de titres réguliers, prouver qu'il descend de Fatma-Zohra, fille du Prophète et épouse de Sidi Ali, fils d'Abou Taleb, oncle de ce dernier. Cette sorte de noblesse est très-considérée chez les Arabes, qui montrent, en général, une grande déférence aux *Chorfa* et leur donnent le titre de *sidi* (monseigneur). Toutefois, comme les *Chorfa* sont très-nombreux, si nombreux que, dans quelques contrées, ils forment des fractions (*ferka*) de tribu entières, les marques extérieures de respect qu'on leur donne varient avec les lieux.

Le chérif est sujet aux lois, mais il a, en pays musulman, le droit d'invoquer un jugement rendu par ses pairs. Bien que les Chorfa jouissent de prérogatives plutôt morales que matérielles, et que leur influence réelle ne doive pas se mesurer sur les honneurs qu'on leur rend, leur qualité leur procure cependant bien des immunités, exemptions d'impôts et autres privilèges. Je crois devoir donner, à ce sujet, le résumé suivant d'une pièce authentique que j'ai eue entre les mains.

« Un ordre émané du Grand, Éminent, Magnanime et Illustre Seigneur notre maître, le Douletli, le Seigneur Hoçaïn-Pacha, fils de Haçan, exempte les seigneurs pieux, les savants, vertueux, savoir : le jurisconsulte Sidi Mohammed ben Zineb, Sidi el-Arbi, Sidi el-Houari, Sidi Abed, et tous les Oulad Sidi el-Hadj Abd el-Hadi, de toutes les demandes que pourrait leur adresser le gouvernement, afin qu'ils jouissent de cette immunité, eux et leurs descendants, jusqu'à ce que Dieu hérite de la terre et de ceux qui sont à sa surface. Cette décision est fondée sur ce que les susdits ont établi et constaté qu'ils sont *chorfa*. A la date du second tiers du mois de moharrem de l'année 1235 (1819-1820). »

Il s'est passé pour les *Chorfa* ce qui a eu lieu pour les Andaloux. Alger, ville importante et relativement populeuse, renfermait une quantité assez forte de ces nobles, et les plus riches d'entr'eux eurent la pensée charitable de pourvoir, au moyen de fondations pieuses, aux besoins de ceux de leurs frères qui se trouvaient dans l'indigence. En 1121 (1709), Mohammed ben Baktache, alors dey d'Alger, donna un centre d'action à ces efforts individuels de charité, en bâtissant une *Zaouïa* spécialement affectée aux Chorfa. On trouvera de plus amples renseignements sur cet établissement au chapitre qui lui est consacré dans la deuxième partie de ce travail. (Zaouïa des Chorfa, rue Jenina)

§ IV. Les Fontaines (el-aioun).

Il y avait dans cette institution deux choses bien distinctes : une des branches de l'administration municipale et la gestion de fondations pieuses.

L'aménagement et la répartition des eaux, la construction des aqueducs et des fontaines et leur entretien, rentraient dans les attributions de l'État et formaient une administration dont le chef s'appelait *caïd* ou *khodjet* el-aïoun.

Mais les particuliers, qui souvent aussi se chargeaient spontanément, à leur frais, de la construction de fontaines et puits, conduites, aqueducs, avaient une sollicitude toute particulière pour ce qui pouvait assurer le service régulier des eaux, ce liquide si précieux dans un pays où l'été est si long et si sec. Adoptant la forme du *habous*, ils faisaient des donations immobilières dont les revenus étaient consacrés exclusivement à l'entretien des fontaines et des aqueducs. Cette dotation, dont les produits venaient singulièrement en aide à l'administration, était gérée par le *caïd el-aïoun*.

Pour ne pas tomber dans des redites et la question de la dotation étant, d'ailleurs, secondaire ici, j'ai réservé les renseignements que je puis avoir sur la question des eaux et des fontaines pour un travail que j'ai l'intention de publier prochainement sous le titre de *Glanures historiques*.

§ V. Le Beit-el-Mal.

Je ne cite le Beit-el-mal que pour m'en occuper négativement et protester contre le titre de corporation religieuse qui a été donné souvent à cette institution. Le Beit-el-mal avait des intérêts entièrement contraires à ceux des corporations ; c'était simplement l'une des branches de l'administration, qui avait pour principale attribution de gérer les biens de l'État et de recueillir les propriétés attribuées à ce dernier dans les cas de déshérence fixés par la loi musulmane. Il était donc l'ennemi naturel des *habous*, dont les dispositions mettaient à néant les dispositions de la loi sur les successions et détournaient son intervention ; et c'est bien à tort qu'on l'a classé dans les *corporations religieuses*, ou prétendues telles, dont les *habous* étaient l'élément fondamental.

Dans un travail que je me propose de publier prochainement sous le titre de *El - Mekhazeniya*, je donnerai tous les renseignements que j'ai pu recueillir, soit sur le Beit-el-mal, soit sur les Beit-el-maldji ou directeurs de cette administration.

FIN DE LA PREMIÈRE PARTIE.